SHIT

		S		D			H	
U		O				E		
	D			U			S	K
			S	K	U			
S	H	I	T	E	D	O	K	U
			H	I	O			
T	K			O			I	
		U				D		T
	O			T		K		

Also by A. Parody

Shite's Unoriginal Miscellany

Eats, Shites & Leaves

A Shite History of Nearly Everything

SHITEDOKU

**Compiled by A. Parody
with puzzles by Alastair Chisholm**

Michael O'Mara Books Limited

First published in Great Britain in 2005 by
Michael O'Mara Books Ltd
9 Lion Yard, Tremadoc Road
London SW4 7NQ

A CIP catalogue record for this book is available from the British Library.

ISBN 1-84317-182-1

1 3 5 7 9 10 8 6 4 2

www.mombooks.com

Text design by www.glensaville.com

For further puzzles, visit www.sudoku-san.com

Printed and bound in Great Britain by
Cox & Wyman Ltd, Reading, Berkshire

INTRODUCTION

The origins of the number-game Sudoku are shrouded in mystery. Some believe the puzzle to have come from Japan, but in fact this was just where it was first popularized (hence its Japanese name). Others maintain it was invented by a Swiss mathematician in the eighteenth century.

However, its true history can in fact be traced to a muddy field outside Székesfehérvár. It seems the original Sudoku was once called *Shitedoku*, and was played by Hungarian peasants as far back as 1253. In its pure, unadulterated form, using letters not numbers, *Shitedoku* provided hours of pointless entertainment for the downtrodden proles in the days before reality TV.

Now, at last, the rightful heritage of the game can be restored, and *Shitedoku* can take its place alongside the ballpoint pen as an invention of which the Hungarian nation can be justly proud. Here, legendary folk hero Antal Parody has collected together over 150 of these fiendish puzzles, designed to infuriate, perplex and provide a potent reminder to those addicts of a philosophical bent that all such endeavours are, essentially, shite.

About the Compiler

Of Hungarian extraction, Antal Parody (originally Parodí) became a refugee after the so-called 'Mashed-Potato Revolution' rocked his native land in the late 1940s. Currently wanted for questioning in three continents for crimes against fashion, he is now fugitive somewhere near Basildon, south-east England, where he ekes out a meagre living whittling statues of the Virgin Mary from root vegetables. Rumours that he was involved in the infamous House of Commons 'Ferretgate' debacle are entirely unfounded.

Despite Mr Parody's lack of permanent address, writing equipment or, indeed, talent, he has managed to pen a number of bestselling books, including *Shite's Unoriginal Miscellany*, *Eats, Shites & Leaves* and *A Shite History of Nearly Everything*.

EASY

EASY

		E			O	I	K	
D		T						
O		I	K	E	D	U	T	H
S		D		O		K		
		U	T		K	E		
		H		I		T		O
E	U	K	O	H	T	D		I
						O		T
	D	O	E			H		

PUZZLE

1

		U	E	D	I	O	
S		K	I				
D		S	O	T	K	U	
		T		E	D	K	O
		O		U			
K	O	H	D		I		
U	O	E	D	K		S	
			U	O		I	
	K	E	I	T	S		

O	D		U	K	E	S	T	I
I					U			E
U	E			S				
T				D				O
E		U	O		H	D		K
K				I				S
				E			S	U
D		E						T
S	I	T	K	U	O		E	D

P U Z Z L E

3

				H				
U	I	O		T	K			H
	D	S		E				
I	S	K		U	T	O	D	E
T		D				K		S
O	E	U	K	D		T	H	I
			T			S	O	
K			S	H		I	T	U
			O					

PUZZLE

4

					D	O		K
					I		U	
I	U		H	T		E		
O	T	U		D	E	H	K	S
	H	E				D	U	
D	K	I	S	U		T	O	E
		D		K	T		H	O
		S	O					
K		T	D					

O		I	T	H	E	U	D	K
E	U							
U		D			K	O		T
D		T		I				E
H			E		O			I
I			K			S		H
T		O	H			I		U
								D
K	I	H	D	U	T	E		O

PUZZLE

6

O			H			T		I
U	I	T	D	O	K	S	E	
	H					E	K	
	O		E			S		
K	E		O		T	S	U	D
	D		U			O		
	T					D		
	K	I	T	D	U	E	H	O
H	U			S				K

P U Z Z L E

7

H		U	E		T	
	U	K	D	I		O	
		H	O	T			
D	E	O		U	I		S
K	I					U	T
O		U	I		K	E		H
		T	K	S			
	O		E	U	H		S	
	E		D		O		H	

U	T	E		I	O		D	K	H
H			E					I
D		O				E		U
T			S			I		
O		U		T				E
	E		D				T	
E		D			K		O	
K			U				S	
I	O	S	H	E		U	T	D

O	D					S	
K	S	E	U	D	I		S	H	O
		U				D	K	I
	D		E		H		O	
	T						U	
	U		S		D		E	
D	E	O				K		
H	K		I	E	U	O	D	S
	I					E	T	

O	K	H		U	D	S	T	E
D								O
T			O	H				I
E			D		T	H		
S		O				I		D
		D	S		U			K
K				T		O		U
U								H
H	O	E	U	K		D	S	T

	E		H		K	S	
D	H	U	S	O		E	I	T
O	K					D		
			U			K		
U	T		O		H		E	D
	O		S					
	D					U	E	
S	U	T		D	E	H	O	K
	I	H		K			T	

		I	U	O				
			T	E	K			
	U		D	I	S	K		E
	D		I	U	T			K
I	O		K		E		S	U
K			O	S	D		E	
D		S	E	K	O	T		
			H	D	U	I		
			T	I	H			

PUZZLE

13

E	U		O	H	D	K	I	T
K				E		O		D
I	D							
T	S			K				I
O			H		S			E
D			E			O		U
						T		S
U		K	D					O
S	O	I	E	U	T		D	K

		T			K	S	E
	E					H	O
	H	T	K	E	O	U	D	I
			I	U	O			
	I		H		D		E	
		U	O	K				
H	E	O	U	D	K	I	T	
K	U				E			
T	D	I			E			

		U	S			T	I	
I		K	E					
D		E	I	T	O	K	U	H
		O		E		I		S
		I	K		T	E		
H		T		S		D		
T	O	D	U	I	E	H		K
						U	O	I
	I	H			S	O		

P U Z Z L E

16

T	E	O	I	U	K	H		D
	I		H				T	K
U							I	H
H			K			I		T
O		S		H				E
K	D		O					U
D								O
I	U			E		K		
E		T	K	S	D	I	U	H

PUZZLE

17

I		O			T	K	
K	D	U	E	I		H	O	S
T	O						E	
			E			D		U
	E		T		O		I	
O	H			U				
	K						H	T
D	U	O		T	I	E	S	K
	T	E			S		U	

O	E	K	S	I	U		D	T
U				E			O	U
			O					U
D			I		H	S		K
T	K					H	E	
H		O	U		E			I
S					T			
K				S				D
E	D		K	U	O	T	I	S

	K				T	E		
I		D		O				
U		E	I	H	T	K	O	D
		H	O		D	U		
	K	U				O	D	
		I	S		K	H		
K	D	T	U	I	H	E		O
				K		D		H
	U	O				I		

PUZZLE

20

		D	K			E	
	H					D	
T	E	O		I	U	S	H	K
	O	D		E		I	U	D
	D		I		T		O	
S	K	I		U		T	
E	U	K	T	O		D	I	H
	T					K	
	I			E	O		

O	D	I	U	T	S		E	K
U		E						O
				E		D		U
H		T		I				E
E		O		K				I
D			E		K			S
I	O		E					
K					S			T
T	U		I	K	H	E	O	D

PUZZLE

22

D	O		H	U	I	K	T	E
H				T				O
U			K					
T	E		S					D
O	I	K	E		U	S		I
I			O				E	U
			I					H
E			T					K
K	H	I	D	E	O		S	T

P U Z Z L E

23

	U	O		E	D		
H		K	I	T			S
	S	H	U	D		O	
	E	D		K		U	
O		K			H		T
	D	U		H		I	
	T	I	D	U		H	
D		E	K	S			U
	I	T		O	E		

			O	I	K		
	I		K	U	E		D
	K		D	T	H		O	U
		·	H		O	U	K
	K	T		D	H	
	E	O		K		
S	H		E	K	T		U
	T		O	D	U		I
		D	I	H		

	T				U			
		H	E		O	D		
E	H	U	O	K	T	D		I
	D		U			I	T	
	O	K	T		S	H	E	
	T	H		I		K		
K		I	D	O	E	T	U	H
	E		T		I			
	O				E			

P U Z Z L E

26

I	K	S	H	O	U		D	
				E		I		
	H	O	T	K	D			
		I			T	D		U
O		U		K		E		
D		U	O		E			
		E	I	H	T	U		
		D	T					
	D	K	U	O	H	S	E	

	I					U	S	
O		S		K		E		
E	D	K	U	I		O	T	H
				U		K		
	K	O	E		T	D	U	
	T		D					
K	S	U		T	E	I	D	O
		E		O		T		S
	O	D			H			

	E		T	O	U		H	
	T		I	K	H		D	
	I	D		E	O			
I		U		D				O
	K	E			T	U		
D		O		K				E
	H	K	T		S	I		
	I	H	U		T		O	
	D		E	I	O		K	

P U Z Z L E

29

K			E		I	H		
U			T	K	H	O	E	
		H	O	U	D			
	H	I			O			
	O	K	D		U	E	H	
			H			I	D	
		U	D	E	S			
	I	U	K	O	S			E
		D	I		T			U

PUZZLE

30

	D	R	U	I	T	H		E
		H						
I			O					
O	H		K	D	I	E	U	T
E	I	T				D	H	K
K	U	D	H	T	E		I	O
			S					U
						T		
T		U	O	H	K		E	

P U Z Z L E

31

		H	E	I		
	K	D		T	E	
I		O	U	K		D
S	K		T		O		E	U
U		I			D		O
T	O		U		E		K	I
E		I	O	S			T
	T	E		D	U	
		K	T	U		

D	K		E	I	H	T	O	U
E		T		K				D
H						I		
U			S		O			E
O	S					T		I
K			U		I			S
	E							H
T				S		K		O
I	D	O	H	U	K		E	T

D	T	O		O		H		S		
		U		E				S	H	
	O			D	K	U			T	
				I	O	D				
O	U	I		H		T	E	K	D	
				K	U	E				
	H			T	D	K			E	
	K					I	H			
	E			U		O		I	S	

T	U	H	D	O	K	I		E
				T		E		U
K								O
E	I		H					D
D	H		S		T		O	K
O			U			I		T
I								H
H		U	E					
U		E	O	K	H	T	D	I

			D	K	U			
		U	H	T	E	I		
D	E		O		I		K	T
U			E		K			H
T	I						E	O
E			T		O			I
S	O		U		T		I	K
		I	K	E	D	S		
			I	O	S			

	S	E					K	
D	U	T		K	T	I	S	E	O
	T				E				I
	D	T		K			U		
	O		T		D		S		
	E			H		K	D		
T			U				D	I	
U	K	S	E	I	O		T	D
	I					U	O	

	H	S	U	E				
		D	S	K	T		U	
			D	H		O		E
			H	T		U		O	I
	S		O		K		E	
U	O		E	D		S		
D			K	U		E		
	U		T	S		D	H	
				O		H	E	D

MEDIUM

		U			I	E		
		O		T				
K		D	E	U	H	O	T	I
S		H		D		T		
	D	K	I		S	H	O	
		I		H		K		S
U	H	T	O	I	E	D		K
				K		U	I	
		E	D			I		

P U Z Z L E

39

	I		K	T	S			
	U			I	D		H	
T				D			E	
O	T		I	H	E	K	U	D
	D		T		K		H	
H	K	E	D	O	U		T	I
		I		K				H
	O			U			E	
			S	E	I		D	

		U	E		K			I	
O		E					H		
	K			O				U	S
			U	S		O			
U		D	T		K	E			O
			I	D		E			
T	S			E			D		
		O			K				T
	E			T		S			

I			K	T		E		
	E	O		D				I
D			O	I		U		
	D			K				
	K	E				H	O	
				E			U	
		T		U	D			S
S				H		K	E	
		U		O	K			D

U				E	K			O
		O	I	D				
				H			K	
I				O			E	
H	T	E	U		D	I	O	K
	K			T				D
	I			K				
				U	E	D		
S			O	I				E

PUZZLE

43

					T			
	O	I	E		S			
T	H		O			D		
		K	T	E		I		
O	I	D			U	K	T	
K		O	H	I				
I			K			S	D	
	K		U	D	H			
	H							

P U Z Z L E

44

I			K	O				H
	O			H	S	K		
		D		T	I			
								T
E	H	U	O		T	D	S	K
D								
			D	S		H		
		S	T	E			K	
T			K	U				S

			T	H		K		
		D		K				
U				I			H	
			I	T	O			D
D	U	O	H		K	T	E	I
S			E	U	D			
	I			D				K
				O		H		
		K		E	I			

					H		
	K		T	E		U	S
H	T			I			
			U	S	D		H
	O	S	K		I	T	U
	H		E	T	O		
				U			T	O
	E	H		O	S		K
		U					

H			E				D
	U		O	D		H	
		D			I		
			T	I	O		E
O	D		U		E		I	K
	E		D	K	H		
		S			K		
	H		T	U		O	
I				O			U

E				O				H
	O		H	K			I	
				E				
U			T	H	D		K	
	D	K	I		E	U	O	
	T		K	O	U			I
				U				
	H			I	K		E	
I			E					S

D		O		K			
				T	S	O	
		U		S	I		
			T	K	U		E	D
	T		I		E		S
E	U		S	O	D		
			U	D		K	
	O	I	K	E			
			E			H		T

H			S	K		E	I
D	S		U			H	
			T	H			
S			H				
K	U	H	D		T	O	S	E
			K				D
			O				
	D		E			K	S
U	E		T	D			H

	E	S	U		O	H		
			D			I		E
O			E					
	H	D	I	T			K	
	O	T					T	
	T		K	U	D		E	
			O					H
S		I	H					
	K	O		I	D	U		

P U Z Z L E

52

			K		S		
	H		D	I			K
K			O	S			
				U		T	S
I	E	T	S		O	K	D	U
	D	U		E			
				O		S		T
	K			D	U		H	
		D		T				

S								U
	U	I		O			T	
			D	U			K	
			E	D	O	T		
	K	O	S		T	U	D	
		T	H	K	U			
	S			H	E			
	H			T		S	U	
K								H

P U Z Z L E

54

		H	O	D			T	
		E	S	I	K			
		I		K	H			
D			H	S	T		I	
T								S
	I		U	O	K			D
		D	T		H			
			H	I	U	H		
	S		U	O	I			

	T	O			S		
		O					U
H	E		U		I		D
		S	T	D		H	
	D	K		O	U		
	K	E	H	U			
S		U	K		H		T
K				S			
		H			O	S	

		E					D	
D	U			T	O		E	
				E				K
	T		K	I	D			
	D	I	T		E	O	K	
			O	U	H		I	
U				O				
	K		U	H			O	S
	H				I			

	S			I		H		
	T		K					D
I				E		S		
	S	O	H	U				
E	H		T		I		D	O
			E	D	K	S		
	U		K					T
D			U		O			
		E		T			I	

P U Z Z L E

58

S		U				E	T	H
D								
H		S		T				O
	H	T	K	E	O			
		H		D				
	S	I	U	O	D			
T		U		K				D
								U
U	H	O			K			T

		I	T	E		O	D	
T				H				
K				S				I
				K				T
O	S	D	U		I	H	K	E
E				D				
H				O				K
				I				H
	O	K		U	T	E		

	U				T			
			I					O
		K	O	U		E		
U				K		S	I	
		D	U		I	T		
		E	H		S			K
		I		H	O	D		
O					E			
			D				E	

	O		T			S	I
	E	H	S				
		O				U	H
	D		O				S
		H		S			
I			E		U		
E	H			I			
				E	I	K	
K	D		S			T	

		K				U	S	
			D	K				
	T							
S			E					T
			O			D	U	
	S		U		D		E	
	I	U		T				
U					O			E
			E	U				H
	D	T				I		

	E			T	D	O		
								T
I		D	O			U		
T			H			D		
S		K		T				U
		E		O			U	K
	H			E		I		O
K								
		U	S	D			K	

	I	H		E				
	U	S					K	T
					T		E	H
		E		O				
K			I		E			O
			D			K		
I	K		T					
H	S					T	U	
			I			H	O	

	T		K			E		
				I				
O			U	H	S			I
	I	H	O			D		E
D		E			S	O	K	
S		U	I	H				K
			E					
	K		S			O		

					S			
	O	D		E			H	I
		K	D				I	
O		U		K	D			
	H	K				I	O	
	S	O		H				U
U			H	E				
I			K		U	T		
		D						

	D		S			H		
			H					S
I				E	K			
		U		D			O	T
		T	U		S	I		
D	E			K		U		
		K	U					E
H					E			
		K			H		D	

PUZZLE

68

	D		H	S	O	T		
O								S
		H	D			E	U	
		D		S			O	
	E		K		H			
	U	K		T	S			
H								E
		O	S	E	I		K	

PUZZLE

69

	D			K	I		
			E		D	S	
S		H			T		U
I			K		E	O	
	H	K		T			I
D		H		E			T
	S	I		D			
		T	U			H	

	E		K	H			U	
		I		S				K
		H			T			
		T			D			E
U	O						I	H
S			I			O		
			U			E		
E				K		U		
	H			I	E		S	

U	T		D				
	K	E		I		S	U
				U			
		S	O		E		T
	T					H	
K			I		S	E	
			H				
D	I		U		T	O	
				E		H	S

PUZZLE

72

				E		U		T
I					D	S		
			I		U	K		
		O		E			I	K
K								S
	H	S			O	T		
		E	T		K			
		D	S					I
O		T		H				

			E			I	O	
D					K			
K		S		U		D		
	K			E				H
	I	S			T	U		
T				K			S	
		T		O		H		S
		D						E
	E	D			U			

E		T					U
		I		H		S	
	H			I		E	T
		K		I			
	O		K		D		U
			U			O	
H	I		T				O
		U		E		D	
T					H		E

				K	E		D	
U		I				K	T	O
	K	T						
	E		T			K		
O								H
U			E		I			
				I	E			
H	D	T			S			K
	I		K	S				

MEDIUM
HARD

			D				K
	K	H	U		S		T
		S	E				U
			E	O		D	
E							O
	U		I	T			
U				I	E		
	S		D		E	O	H
D			O				

			D		H		H		U	T
	H		K					O		
					O					
H		O		K					I	U
			S		D					
D	U			O		E			S	
			E							
	T				K			U		
K			I		U				D	

	U	H	E				T	
					H		T	E	O
			S		U			D	
			S						U
	T	K		D	I			
K				T				
	H		U		S			
O	K		I					
	T				O	K	I	

			O		E	H	K
I			E				
	T		K				S
U	D					I	
K		I		D			U
	E				S		T
E			D		K		
			T				H
T	H	D		I			

			T	H	I			
		O				H		
	D						E	
O		U		K				I
	S	U				K	T	
K		I		E				S
	O						S	
		I				E		
			K	U	S			

S	U			H		T	
					D		H
		O			E		
H	O			S	I	K	
	E	T	K			D	O
	O		S				
E	U						
	H	T				S	U

PUZZLE

82

D	H		I			E	O
						I	T
	I	O	E			T	
S		U			I		
	E			O			D
	T		U	E	K		
	S						
K	O		H			S	I

U	H	I	S			D
	E	H				S
	U					
D		K		O		
H					I	
T		O			S	
			O			
D		U		O		
S		H	T	U		K

PUZZLE

84

		E					I	
				H			U	
U		K	T		O			
					I		T		H
D	H						S		E
O		I		H				
			D		E	H			O
	E			K				
	O				U			

				D				
	K			H		I		S
U						E		
					K	T	I		S
O	D						K		U
K	I	T	U					
	S							D
	H	D		S			O	
				T				

			U				
E		H		K			D
	I	E		S		H	
	O		K			T	
	I				K		
	S		E			O	
	T	U		O		I	
S		K		I			E
			H				

PUZZLE

87

				K		E	
E	T						I
				E	O	U	
T				U	E	I	
		S		T			
	S	K	D				U
	K	U	O				
D					K	T	
	H		E				

PUZZLE

88

	U		O		S		D	
	T						U	
K				H				E
S				T				U
		T				K		
D				K				I
U				S				H
	E		D		I		S	
	D						I	

D		T			U		S	
					T		E	
						K		
H	O				E			K
	D		K			I	S	
	U		O				H	T
	E							
	T		U					
	H		I			O		E

					U		S	
	O						I	
	U			S		D		H
H			K			I		U
	I					E		
U		E			T			O
D		S		E			O	
	T						E	
	I		T					

	S	U		H			I
	D		O		K		
						H	S
		E				D	
D	T					E	K
	I			U			
S	U						
		O		H		U	
K			D		O	I	

				K	O		
		K	T			S	
	D	T	U				E
	E	O		H			
			D		U		T
	K			S	E		D
		S			T	H	
			D	I			U

PUZZLE

93

O			H	I				
O	H		S			T		
D			O				I	
	U				D			
	K	D		E	O			
	E					T		
	S		D					U
	I			O		S		
		H	I					T

PUZZLE

94

	D	S		K	H			O
		K						E
	T		I					
			H	E		S		K
U		I		T	O			
				S		K		
K						T		
T			D	U	H	S		

	O		T			
	K		I		T	S
E	I	H		O		D
	O		U			
		D		E		
T		I		H		O	K
I	D	S			H	
		D			S	

			O					T
							D	
	T	U		E	K		O	
	I	S		U				O
	U						E	
D				I		T	S	
	H		E	K		U	I	
	S							
T				H				

I		S	O					
	T		H					S
	U			K				I
			O	U			H	T
		H		U				
U	T	K						
T		U			H			
K			D		T			
				I	D			E

K	D			E			E	
O	S		E	H				
		T			K			
				U		I	H	T
E	H	S		I				
			U			K		
			K	T		I	S	
	T					O	E	

	I	T		E				
H	O				S			
			U			O		D
		H	T	K				
		I				U		
			U	O	E			
S		O			T			
			H				U	S
			S		D	I		

	T			E	D	I		
D					S		E	
			O		E			
			D		O			I
	I		H		O		E	
O		K		U				
	K	S		D				
	S	T						O
	T	H	E	I			K	

		O		K	S			
	I	U					H	
E		D	O					
				T			E	
K		S				H		T
	T			S				
					T	S		U
	E					K	I	
			K	D		E		

PUZZLE

102

	K	T		I				
		H					T	
E		O						S
S	O	E		K				
		E		U				
		D				E	K	I
T						K		U
	I					S		
			S		H	I		

PUZZLE

103

			H				S	T
T	U				I	K		
								U
	U		S			D		
	S	E		T		I		
	I		U			O		
S								
	D	H					T	I
H	E		O					

			K		T		U
I		D					
U	S	I	O			D	
	K	E					S
O			H	U			
	E		H	K		S	I
			D				T
K		S	U				

			U				K
		U			S		
		S	D	T		U	
D		O		K			S
K							E
S			I		H		D
	E			S	H	I	
		K				E	
O			D				

PUZZLE

106

		K			H	I	
	S			U		E	
K				E		T	
	T				D		
	K		U		O		S
		D				E	
	U		H				I
		T		O		K	
		I	E		S		

PUZZLE

107

D							
U	I	T	H		S		
		I		K			
	E		D		U		
	K	H		T	D		
	S		K			T	
	D			H			
	O		S	E	I	K	
							S

PUZZLE

108

				K	S			
T		K		O		U		H
		D					K	
	H						I	
	I		T		O		E	
	U				S			
	E			K				
H		O		D		I		T
		H		T				

PUZZLE

109

				D	U			
			H				S	K
I			K			H		
H			E	S		T		U
E		O		T	K			S
		U			D			T
	I	K			H			
		O	U					

U				S			H	
	I		U			E		O
	D		E			I		
						K	D	
			S		K			
	S	I						
	U		K		O			
S		H			O		I	
	K			T				D

PUZZLE

111

	I	H		U			
		O		I	H		
	S	O		K			
H		D		S			K
I		U		O			E
			O		I	D	
	S	T		H			
			S		U	T	

D	I	S		S	T			
		E					D	T
	U		K					O
			K	O				
S								I
			T	I				
I				S		E		
T	H					O		
			O	H	S			D

	U			I				
E			U	D			O	T
S		T			O			
D		I		T				
				U		E		I
			H			I		U
T	S		O	K				H
			D				S	

VERY
HARD

		T	I				E	
U	T			D		H		
				O		T		
	I	K	D					
		T				D		
				H	H	U	O	
		I	S					
		U		K			D	O
	E			O	U			

P U Z Z L E

115

S				E	D	T		
D			S	K				
	O							
	S	U	D					E
	H				O			
K				O	U		D	
						U		
			O	I				H
		S	H	T				K

PUZZLE

116

			T					
	I			D		H		
U	T	K		D	H	S		
H			K					O
	O						U	
D				E				S
		H	K			E	D	U
	T			O			K	
				D				

PUZZLE

117

				H		I		
D	U			H		I		
	S							
	T	K		I	D			
S					K		D	
U								E
	O		I					U
		T	U		H	K		
						I	T	
		D		E			T	S

H		D		U				T
U		E		I			K	
			T				D	
	E		T					
			H		D			
						O	E	
	S				H			
	O			S		T		D
I				O		E		H

PUZZLE

119

			D	E				
	S							D
T	O			I	S		E	
	T	H		I		K		
	U		S			H	I	
	D		H	U			T	K
I						H		
			D	O				

PUZZLE

120

E			K		D		O
		O			U		
T	S						
			S			H	
K		T		O			E
	H		U				
						T	S
	H			E			
D	I		O				K

			E		O	I	
	H	D		U	T		E
D							
U			T				
	S				U		
			I				H
						D	
S	I	O	H	K			
	T	K		S			

PUZZLE

122

	S			I		E	
D			U				S
	U				T		
K			S				
	I		U	E		T	
			H				E
	I			K			
H			K				O
	O	T			D		

	E	K				D		
D								I
			S	K			I	U
	U		T					
	E	I		O		T		
			U			S		
H		E	D					
S								H
	T				U	I		

PUZZLE

124

	H			K		T		
				O		U	H	
T	U							
	S			D				
U			H		T			E
				I		H		
							E	D
E		H	K					
		S		H			I	

PUZZLE

125

	E		U				T	
I		O						S
				E			U	
			T		E			D
	D					O		
E			S		K			
	H			U				
S						H		I
	T				O		D	

PUZZLE

126

H	S		T				E
							H
		U		O		I	
				T			U
		D	K		E	T	
I				D			
		K		I		D	
O							
E					U		H	K

PUZZLE

127

U		O	H					
						U	E
			I			K	H
		S	D		E		
	K					D	
		T		E	I		
D	U			K			
O	I						
				O	U		S

	E						
				H	S		U
I				D	K		
			H		U		E
D		T		S			O
E		S		I			
	U	O					D
T	D	H					
						I	

	U			O	D	
E		T	H			
D						K
		U			O	
S	O		K		T	
E		I				
O						H
	O	U				S
D	T			I		

PUZZLE

130

I	U			K				T
						S		D
	D		S					
			U			I		
H			O		T			E
	T			E				
				H			E	
S		H						
K				I			U	O

PUZZLE

131

		D	K	H	E		S	
H			T					
			I					U
O			D		H			
		E			H			I
U					O			
					U			O
	S		H	K	I	D		

PUZZLE

132

T				D				U
		S						
		E		T	H	O		
H		K		I				
		S		K				
			O		T			D
	H	I	U		S			
					U			
D			I					E

PUZZLE

133

PUZZLE

134

		D			T	
H	D		T		O	
	S			I		
	U	E				I
S				E		
T	K	S				
	U		H			
O	E			I	S	
E		U				

	T		U			D	
E		I					T
	U				O		
			H			I	
H		O		K			E
	D		S				
	K			E			
S			O				H
	H		T			K	

P U Z Z L E

136

K			S	I			U
				U	O	H	
	I						D
I	D		H				
			O			T	K
H						K	
	D	T	S				
E		O		U			S

PUZZLE

137

				S	U	T	D
		I	E				
		K	D		O		
			U			O	H
I	K		H				
	E		I		K		
			E		T		
T	H	S	D				

			E		U		
	U			H		O	
T		D			E		
	S		U		K		
U							T
		D		S		I	
	E				T		K
	O		S			D	
	H		U				

PUZZLE

139

		D		S		H		
	K				I		O	
T								U
T	H			E				
I			S		U			K
			D				U	
E								S
	I		K				E	
	O		H		U			

		S	D					
		I		H				
		K				I	H	
			S		E			O
	T		H		O		K	
U		D		E				
K	E				H			
				T		D		
				S	O			

PUZZLE

141

		D	U		I			
U	O		T			O		
O						S	E	
					T		K	
			E		H			
	K		S					
	D	U						I
		I				U		K
		O			U	E		

PUZZLE

142

PUZZLE

143

	T	I		E		D	
	U	S		K			
		O					
		D			T		
T		H			S		K
		U		I			
					O		
		H			I	E	
	E	T		D	S		

	S				H			
E						H		
	U		O			D		K
				H			K	
H		I				S		E
	O			U				
U		D			T		S	
		S						I
		U				O		

	H	U						D
	S				I	O		
		K						E
H			I			D		
E							T	H
	O		U				T	H
I				E				
	T	H					S	
D				S		K		

PUZZLE

146

		T	I	K		H		
	E						K	
S								O
				D				U
I			H		U			S
D				O				
T								E
	D						S	
		K		U	E	T		

O		I	T		
	I	D		K	
	U		O		
E			I		O
	S			T	
	H		K		I
		D		H	
	K		S	I	
		H	E		S

P U Z Z L E

148

	O				K	U		
	U						S	E
T				E				
I				S				
		H	T		D	K		
				O				D
				H				S
K	D						H	
		I	O				U	

	H	K						
								S
			I	H	O			T
		D		E		K		
		S	H		U	E		
		U		D		S		
E			D	K	I			
I								
					O	D		

PUZZLE

150

		K	I	S		D		
				U	D			
T	I							U
	S			E				
H		O		D				T
			H				I	
K						O	E	
	E	T						
	U		S		K			

PUZZLE

151

SOLUTIONS

1

U	H	E	S	T	O	I	K	D
D	K	T	I	U	H	S	O	E
O	S	I	K	E	D	U	T	H
S	T	D	H	O	E	K	I	U
I	O	U	T	D	K	E	H	S
K	E	H	U	I	S	T	D	O
E	U	K	O	H	T	D	S	I
H	I	S	D	K	U	O	E	T
T	D	O	E	S	I	H	U	K

2

T	H	K	U	E	D	I	O	S
O	S	U	K	I	H	T	E	D
E	D	I	S	O	T	K	U	H
U	I	S	T	H	E	D	K	O
D	E	T	O	K	U	S	H	I
K	O	H	D	S	I	U	T	E
I	U	O	E	D	K	H	S	T
S	T	D	H	U	O	E	I	K
H	K	E	I	T	S	O	D	U

3

O	D	H	U	K	E	S	T	I
I	T	S	H	O	D	U	K	E
U	E	K	T	S	I	O	D	H
T	H	I	S	D	K	E	U	O
E	S	U	O	T	H	D	I	K
K	O	D	E	I	U	T	H	S
H	K	O	D	E	T	I	S	U
D	U	E	I	H	S	K	O	T
S	I	T	K	U	O	H	E	D

4

E	K	T	U	S	H	D	I	O
U	I	O	D	T	K	E	S	H
H	D	S	I	O	E	U	K	T
I	S	K	H	U	T	O	D	E
T	H	D	E	I	O	K	U	S
O	E	U	K	D	S	T	H	I
D	U	H	T	E	I	S	O	K
K	O	E	S	H	D	I	T	U
S	T	I	O	K	U	H	E	D

5

T	S	H	U	E	D	O	I	K
E	D	O	K	S	I	U	T	H
I	U	K	H	T	O	E	S	D
O	T	U	I	D	E	H	K	S
S	H	E	T	O	K	D	U	I
D	K	I	S	U	H	T	O	E
U	I	D	E	K	T	S	H	O
H	E	S	O	I	U	K	D	T
K	O	T	D	H	S	I	E	U

6

O	S	I	T	H	E	U	D	K
E	T	K	O	D	U	H	I	S
U	H	D	I	S	K	O	E	T
D	U	T	S	I	H	K	O	E
H	K	S	E	T	O	D	U	I
I	O	E	U	K	D	S	T	H
T	D	O	H	E	S	I	K	U
S	E	U	K	O	I	T	H	D
K	I	H	D	U	T	E	S	O

7

O	S	K	U	H	E	D	T	I
U	I	T	D	O	K	S	E	H
D	H	E	S	T	I	O	K	U
I	O	U	H	E	D	K	S	T
K	E	S	O	I	T	H	U	D
T	D	H	K	U	S	I	O	E
E	T	O	I	K	H	U	D	S
S	K	I	T	D	U	E	H	O
H	U	D	E	S	O	T	I	K

8

I	H	O	U	S	E	K	T	D
S	U	T	K	D	I	H	O	E
E	K	D	H	O	T	S	I	U
D	T	E	O	H	U	I	K	S
K	I	H	S	E	D	O	U	T
O	S	U	I	T	K	E	D	H
H	D	I	T	K	S	U	E	O
T	O	K	E	U	H	D	S	I
U	E	S	D	I	O	T	H	K

9

U	T	E	S	I	O	D	K	H
H	S	K	E	U	D	T	O	I
D	I	O	T	K	H	E	S	U
T	D	U	O	S	E	H	I	K
O	K	I	U	H	T	S	D	E
S	E	H	K	D	I	O	U	T
E	U	D	I	T	S	K	H	O
K	H	T	D	O	U	I	E	S
I	O	S	H	E	K	U	T	D

10

I	O	D	H	K	T	U	S	E
K	S	E	U	D	I	T	H	O
T	H	U	O	S	E	D	K	I
S	D	K	E	U	H	I	O	T
E	T	H	K	I	O	S	U	D
O	U	I	S	T	D	H	E	K
D	E	O	T	H	S	K	I	U
H	K	T	I	E	U	O	D	S
U	I	S	D	O	K	E	T	H

11

O	K	H	I	U	D	S	T	E
D	E	I	T	S	K	U	H	O
T	S	U	O	H	E	K	D	I
E	U	K	D	I	T	H	O	S
S	T	O	K	E	H	I	U	D
I	H	D	S	O	U	T	E	K
K	D	S	H	T	O	E	I	U
U	I	T	E	D	S	O	K	H
H	O	E	U	K	I	D	S	T

12

T	E	I	D	H	U	K	S	O
D	H	U	S	O	K	E	I	T
O	K	S	T	E	I	U	D	H
H	S	D	E	U	T	O	K	I
U	T	K	O	I	H	S	E	D
I	O	E	K	S	D	T	H	U
K	D	O	H	T	S	I	U	E
S	U	T	I	D	E	H	O	K
E	I	H	U	K	O	D	T	S

13

E	K	I	U	O	H	S	T	D
O	S	D	T	E	K	U	I	H
H	T	U	D	I	S	K	O	E
S	D	E	I	U	T	O	H	K
I	O	T	K	H	E	D	S	U
K	U	H	O	S	D	I	E	T
D	H	S	E	K	O	T	U	I
T	I	O	H	D	U	E	K	S
U	E	K	S	T	I	H	D	O

14

E	U	S	O	H	D	K	I	T
K	H	T	S	I	E	O	U	D
I	D	O	K	T	U	E	S	H
T	S	E	U	K	O	D	H	I
O	I	U	H	D	S	T	K	E
D	K	H	T	E	I	S	O	U
H	E	D	I	O	K	U	T	S
U	T	K	D	S	H	I	E	O
S	O	I	E	U	T	H	D	K

15

I	O	D	T	U	H	K	S	E
U	K	E	D	S	I	T	H	O
S	H	T	K	E	O	U	D	I
D	S	H	E	I	U	O	K	T
O	I	K	H	T	D	S	E	U
E	T	U	O	K	S	D	I	H
H	E	O	U	D	K	I	T	S
K	U	S	I	H	T	E	O	D
T	D	I	S	O	E	H	U	K

16

O	H	U	S	D	K	T	I	E
I	T	K	E	H	U	S	O	D
D	S	E	I	T	O	K	U	H
K	U	O	H	E	D	I	T	S
S	D	I	K	U	T	E	H	O
H	E	T	O	S	I	D	K	U
T	O	D	U	I	E	H	S	K
E	K	S	T	O	H	U	D	I
U	I	H	D	K	S	O	E	T

17

T	E	O	I	U	K	H	S	D
S	I	D	H	E	O	U	T	K
U	H	K	T	D	S	E	O	I
H	S	E	D	K	U	O	I	T
O	T	U	S	I	H	K	D	E
K	D	I	E	O	T	S	H	U
D	K	S	U	H	I	T	E	O
I	U	H	O	T	E	D	K	S
E	O	T	K	S	D	I	U	H

18

E	I	S	O	H	U	T	K	D
K	D	U	E	I	T	H	O	S
T	O	H	S	D	K	U	E	I
I	S	T	K	E	H	O	D	U
U	E	D	T	S	O	K	I	H
O	H	K	I	U	D	S	T	E
S	K	I	U	O	E	D	H	T
D	U	O	H	T	I	E	S	K
H	T	E	D	K	S	I	U	O

19 – 24

19

O	E	K	S	I	U	H	D	T
U	H	D	T	E	K	I	S	O
I	T	S	O	H	D	K	E	U
D	U	E	I	T	H	S	O	K
T	K	I	D	O	S	U	H	E
H	S	O	U	K	E	D	T	I
S	I	U	E	D	T	O	K	H
K	O	T	H	S	I	E	U	D
E	D	H	K	U	O	T	I	S

20

O	H	K	D	S	U	T	E	I
I	T	D	K	O	E	S	H	U
U	S	E	I	H	T	K	O	D
S	E	H	O	T	D	U	I	K
T	K	U	H	E	I	O	D	S
D	O	I	S	U	K	H	T	E
K	D	T	U	I	H	E	S	O
E	I	S	T	K	O	D	U	H
H	U	O	E	D	S	I	K	T

21

I	S	D	K	T	H	U	E	O
K	H	U	E	S	O	T	D	I
T	E	O	D	I	U	S	H	K
H	O	T	S	E	K	I	U	D
U	D	E	I	H	T	K	O	S
S	K	I	O	U	D	H	T	E
E	U	K	T	O	S	D	I	H
O	T	S	H	D	I	E	K	U
D	I	H	U	K	E	O	S	T

22

O	D	I	U	T	S	H	E	K
U	H	E	K	D	I	T	S	O
S	T	K	H	O	E	I	D	U
H	K	T	S	I	D	O	U	E
E	S	U	O	H	K	D	T	I
D	I	O	T	E	U	K	H	S
I	O	D	E	S	T	U	K	H
K	E	H	D	U	O	S	I	T
T	U	S	I	K	H	E	O	D

23

D	O	S	H	U	I	K	T	E
H	K	E	S	D	T	I	U	O
U	I	T	O	K	E	H	D	S
T	E	U	I	S	H	O	K	D
O	D	K	E	T	U	S	H	I
I	S	H	K	O	D	T	E	U
S	T	D	U	I	K	E	O	H
E	U	O	T	H	S	D	I	K
K	H	I	D	E	O	U	S	T

24

T	I	U	O	S	E	D	K	H
H	O	D	K	I	T	U	E	S
K	S	E	H	U	D	T	O	I
I	E	H	D	T	K	S	U	O
O	U	K	S	E	I	H	D	T
S	D	T	U	O	H	K	I	E
E	T	S	I	D	U	O	H	K
D	H	O	E	K	S	I	T	U
U	K	I	T	H	O	E	S	D

25

T	D	U	S	O	I	K	H	E
O	I	H	K	U	E	T	D	S
E	K	S	D	T	H	I	O	U
D	S	T	H	E	O	U	K	I
I	U	K	T	S	D	H	E	O
H	E	O	U	I	K	D	S	T
S	H	I	E	K	T	O	U	D
K	T	E	O	D	U	S	I	H
U	O	D	I	H	S	E	T	K

26

O	K	T	I	S	D	U	H	E
D	I	S	H	E	U	O	K	T
E	H	U	O	K	T	D	S	I
S	E	D	K	U	H	I	T	O
I	O	K	T	D	S	H	E	U
U	T	H	E	I	O	K	D	S
K	S	I	D	O	E	T	U	H
H	D	E	U	T	I	S	O	K
T	U	O	S	H	K	E	I	D

27

I	K	S	H	O	U	E	D	T
U	T	D	S	E	I	K	H	O
E	H	O	T	K	D	U	I	S
K	E	H	I	S	T	D	O	U
S	O	T	U	D	K	I	E	H
D	I	U	O	H	E	S	T	K
O	S	K	E	I	H	T	U	D
H	U	E	D	T	S	O	K	I
T	D	I	K	U	O	H	S	E

28

H	T	I	O	E	D	U	S	K
O	U	S	T	K	H	E	I	D
E	D	K	U	I	S	O	T	H
D	E	H	S	U	I	K	O	T
S	K	O	E	H	T	D	U	I
U	I	T	K	D	O	S	H	E
K	S	U	H	T	E	I	D	O
I	H	E	D	O	U	T	K	S
T	O	D	I	S	K	H	E	U

29

K	E	D	T	O	U	S	H	I
S	T	O	I	K	H	E	D	U
H	U	I	D	S	E	O	T	K
I	H	T	U	E	D	K	S	O
O	K	E	S	H	I	T	U	D
D	S	U	O	T	K	H	I	E
U	O	H	K	D	S	I	E	T
E	I	K	H	U	T	D	O	S
T	D	S	E	I	O	U	K	H

30

K	T	O	E	S	I	H	U	D
U	D	S	T	K	H	O	E	I
I	E	H	O	U	D	T	S	K
D	H	I	S	E	O	U	K	T
T	O	K	D	I	U	E	H	S
S	U	E	H	T	K	I	D	O
O	K	T	U	D	E	S	I	H
H	I	U	K	O	S	D	T	E
E	S	D	I	H	T	K	O	U

SOLUTIONS

31 – 36

31

S	D	O	U	I	T	H	K	E
U	T	H	E	K	S	O	D	I
I	K	E	D	O	H	U	T	S
O	H	S	K	D	I	E	U	T
E	I	T	S	U	O	D	H	K
K	U	D	H	T	E	S	I	O
H	E	I	T	S	D	K	O	U
D	O	K	I	E	U	T	S	H
T	S	U	O	H	K	I	E	D

32

D	T	S	H	E	I	O	U	K
O	U	K	D	S	T	E	I	H
I	H	E	O	U	K	T	S	D
S	K	D	T	I	O	H	E	U
U	E	I	S	K	H	D	T	O
T	O	H	U	D	E	S	K	I
E	D	U	I	O	S	K	H	T
K	I	T	E	H	D	U	O	S
H	S	O	K	T	U	I	D	E

33

D	K	S	E	I	H	T	O	U
E	I	T	O	K	U	H	S	D
H	O	U	T	D	S	E	I	K
U	H	I	S	T	O	D	K	E
O	S	E	K	H	D	U	T	I
K	T	D	U	E	I	O	H	S
S	E	K	D	O	T	I	U	H
T	U	H	I	S	E	K	D	O
I	D	O	H	U	K	S	E	T

34

D	T	E	O	I	H	U	S	K
K	I	U	E	T	S	D	H	O
S	O	H	D	K	U	I	T	E
E	S	K	I	O	D	T	U	H
O	U	I	H	S	T	E	K	D
H	D	T	K	U	E	S	O	I
I	H	S	T	D	K	O	E	U
U	K	O	S	E	I	H	D	T
T	E	D	U	H	O	K	I	S

35

T	U	H	D	O	K	I	S	E
S	D	O	I	T	E	K	H	U
K	E	I	H	S	U	D	T	O
E	I	T	K	H	O	S	U	D
D	H	U	S	I	T	E	O	K
O	K	S	E	U	D	H	I	T
I	O	K	T	D	S	U	E	H
H	T	D	U	E	I	O	K	S
U	S	E	O	K	H	T	D	I

36

I	S	T	D	K	U	O	H	E
O	K	U	H	T	E	I	D	S
D	E	H	O	S	I	U	K	T
U	D	O	E	I	K	T	S	H
T	I	K	S	U	H	D	E	O
E	H	S	T	D	O	K	U	I
S	O	D	U	H	T	E	I	K
H	T	I	K	E	D	S	O	U
K	U	E	I	O	S	H	T	D

SOLUTIONS

37 – 42

37

I	S	E	D	O	H	T	K	U
D	U	H	K	T	I	S	E	O
O	T	K	S	U	E	D	H	I
H	D	T	I	K	S	O	U	E
K	O	U	T	E	D	I	S	H
S	E	I	O	H	U	K	D	T
T	H	O	U	D	K	E	I	S
U	K	S	E	I	O	H	T	D
E	I	D	H	S	T	U	O	K

38

T	H	S	U	E	I	D	K	O
O	E	D	S	K	T	I	U	H
I	K	U	D	H	O	T	S	E
K	D	E	H	T	U	S	O	I
H	S	T	O	I	K	U	E	D
U	O	I	E	D	S	K	H	T
D	I	H	K	U	E	O	T	S
E	U	O	T	S	D	H	I	K
S	T	K	I	O	H	E	D	U

39

H	T	U	S	O	I	E	K	D
I	E	O	K	T	D	S	U	H
K	S	D	E	U	H	O	T	I
S	O	H	U	D	K	T	I	E
T	D	K	I	E	S	H	O	U
E	U	I	T	H	O	K	D	S
U	H	T	O	I	E	D	S	K
D	I	S	H	K	T	U	E	O
O	K	E	D	S	U	I	H	T

40

E	I	H	K	T	S	D	O	U
S	U	D	E	I	O	H	K	T
T	O	K	U	D	H	E	I	S
O	T	S	I	H	E	K	U	D
I	D	U	T	S	K	O	H	E
H	K	E	D	O	U	S	T	I
U	E	I	O	K	D	T	S	H
D	S	O	H	U	T	I	E	K
K	H	T	S	E	I	U	D	O

41

S	T	U	H	K	D	O	I	E
O	D	E	S	U	I	H	T	K
I	K	H	E	O	T	D	U	S
E	H	T	U	S	O	I	K	D
U	I	D	T	H	K	E	S	O
K	O	S	I	D	E	T	H	U
T	S	K	O	E	H	U	D	I
H	U	O	D	I	S	K	E	T
D	E	I	K	T	U	S	O	H

42

I	U	S	K	T	H	E	D	O
H	E	O	U	D	S	T	K	I
D	T	K	O	I	E	U	S	H
O	D	H	T	K	U	S	I	E
U	K	E	D	S	I	H	O	T
T	S	I	H	E	O	D	U	K
K	I	T	E	U	D	O	H	S
S	O	D	I	H	T	K	E	U
E	H	U	S	O	K	I	T	D

43

U	H	I	T	E	K	S	D	O
K	S	O	I	D	U	E	T	H
D	E	T	S	H	O	U	K	I
I	D	S	K	O	H	T	E	U
H	T	E	U	S	D	I	O	K
O	K	U	E	T	I	H	S	D
E	I	H	D	K	S	O	U	T
T	O	K	H	U	E	D	I	S
S	U	D	O	I	T	K	H	E

44

I	U	S	H	D	K	T	E	O
K	D	O	I	E	T	S	H	U
T	H	E	U	O	S	I	D	K
U	S	D	K	T	E	O	I	H
H	O	I	D	S	U	K	T	E
E	K	T	O	H	I	D	U	S
O	I	U	T	K	H	E	S	D
S	T	K	E	U	D	H	O	I
D	E	H	S	I	O	U	K	T

45

I	S	E	K	O	D	T	U	H
U	O	T	E	H	S	K	I	D
H	K	D	U	T	I	S	E	O
S	I	K	H	D	E	U	O	T
E	H	U	O	I	T	D	S	K
D	T	O	S	U	K	E	H	I
K	U	I	D	S	O	H	T	E
O	D	S	T	E	H	I	K	U
T	E	H	I	K	U	O	D	S

46

I	O	E	T	H	S	K	D	U
H	S	D	O	K	U	I	T	E
U	K	T	D	I	E	S	H	O
K	E	H	I	T	O	U	S	D
D	U	O	H	S	K	T	E	I
S	T	I	E	U	D	O	K	H
T	I	S	U	D	H	E	O	K
E	D	U	K	O	T	H	I	S
O	H	K	S	E	I	D	U	T

47

S	U	I	O	D	K	H	E	T
D	K	O	T	E	H	U	S	I
H	T	E	S	I	U	D	O	K
K	I	T	U	S	D	O	H	E
E	O	S	K	H	I	T	U	D
U	H	D	E	T	O	K	I	S
I	D	K	H	U	E	S	T	O
T	E	H	D	O	S	I	K	U
O	S	U	I	K	T	E	D	H

48

H	I	O	S	E	T	U	K	D
S	U	K	O	D	I	E	H	T
E	T	D	H	U	K	I	S	O
K	S	U	T	I	O	D	E	H
O	D	H	U	S	E	T	I	K
T	E	I	D	K	H	O	U	S
U	O	S	I	H	D	K	T	E
D	H	E	K	T	U	S	O	I
I	K	T	E	O	S	H	D	U

49

E	U	I	D	T	O	K	S	H
T	O	D	H	K	S	E	I	U
K	S	H	U	E	I	D	T	O
U	I	O	T	H	D	S	K	E
H	D	K	I	S	E	U	O	T
S	T	E	K	O	U	H	D	I
D	E	S	O	U	T	I	H	K
O	H	U	S	I	K	T	E	D
I	K	T	E	D	H	O	U	S

50

D	S	O	H	E	K	I	T	U
I	K	E	D	U	T	S	O	H
T	H	U	O	S	I	D	K	E
S	I	H	T	K	U	O	E	D
O	T	D	I	H	E	U	S	K
E	U	K	S	O	D	T	H	I
H	E	T	U	D	S	K	I	O
U	O	I	K	T	H	E	D	S
K	D	S	E	I	O	H	U	T

51

H	T	U	O	S	K	D	E	I
D	S	O	I	U	E	K	H	T
I	K	E	H	T	D	S	U	O
S	I	D	E	H	O	U	T	K
K	U	H	D	I	T	O	S	E
E	O	T	S	K	U	H	I	D
T	H	S	K	O	I	E	D	U
O	D	I	U	E	H	T	K	S
U	E	K	T	D	S	I	O	H

52

T	D	E	S	U	I	O	H	K
K	S	H	O	D	T	I	U	E
O	I	U	K	E	H	T	D	S
E	H	D	I	T	O	S	K	U
U	O	K	D	S	E	H	T	I
I	T	S	H	K	U	D	E	O
D	E	T	U	O	S	K	I	H
S	U	I	T	H	K	E	O	D
H	K	O	E	I	D	U	S	T

53

D	I	O	U	K	E	S	T	H
U	H	S	D	I	T	E	K	O
K	T	E	O	S	H	I	U	D
H	O	K	I	U	D	T	S	E
I	E	T	S	H	O	K	D	U
S	D	U	T	E	K	H	O	I
E	U	H	K	O	S	D	I	T
T	K	I	E	D	U	O	H	S
O	S	D	H	T	I	U	E	K

54

S	D	K	T	E	I	H	O	U
E	U	I	K	O	H	D	T	S
T	O	H	D	U	S	E	K	I
U	I	S	E	D	O	T	H	K
H	K	O	S	I	T	U	D	E
D	E	T	H	K	U	I	S	O
O	S	D	U	H	E	K	I	T
I	H	E	O	T	K	S	U	D
K	T	U	I	S	D	O	E	H

SOLUTIONS

55 – 60

55

U	K	H	O	D	E	S	T	I
O	T	E	S	I	U	D	K	H
S	D	I	T	K	H	O	E	U
D	U	K	H	S	T	E	I	O
T	H	O	I	E	D	K	U	S
E	I	S	U	O	K	T	H	D
I	E	U	D	T	S	H	O	K
K	O	D	E	H	I	U	S	T
H	S	T	K	U	O	I	D	E

56

U	T	O	D	E	I	S	K	H
D	I	K	O	S	H	T	E	U
H	S	E	T	U	K	I	O	D
O	U	I	S	T	D	K	H	E
E	H	D	K	I	O	U	T	S
T	K	S	E	H	U	D	I	O
S	O	U	I	K	E	H	D	T
K	D	T	H	O	S	E	U	I
I	E	H	U	D	T	O	S	K

57

T	S	E	I	K	U	H	D	O
D	U	K	H	T	O	S	E	I
I	O	H	D	E	S	U	T	K
O	T	U	K	I	D	E	S	H
H	D	I	T	S	E	O	K	U
K	E	S	O	U	H	T	I	D
U	I	D	S	O	T	K	H	E
E	K	T	U	H	I	D	O	S
S	H	O	E	D	K	I	U	T

58

O	S	D	U	I	T	H	K	E
U	E	T	H	K	S	I	O	D
I	K	H	D	O	E	T	S	U
K	D	S	O	H	U	E	T	I
E	H	U	T	S	I	K	D	O
T	I	O	E	D	K	S	U	H
S	U	I	K	E	O	D	H	T
D	T	K	I	U	H	O	E	S
H	O	E	S	T	D	U	I	K

59

S	O	U	K	D	I	E	T	H
D	E	T	O	H	U	S	K	I
H	K	I	S	E	T	U	D	O
I	D	H	T	K	E	O	U	S
O	U	K	H	S	D	T	I	E
E	T	S	I	U	O	D	H	K
T	I	E	U	O	K	H	S	D
K	S	D	E	T	H	I	O	U
U	H	O	D	I	S	K	E	T

60

U	H	I	T	E	K	O	D	S
T	D	S	I	H	O	K	E	U
K	E	O	D	S	U	T	H	I
I	U	H	O	K	E	D	S	T
O	S	D	U	T	I	H	K	E
E	K	T	S	D	H	I	U	O
H	I	U	E	O	D	S	T	K
D	T	E	K	I	S	U	O	H
S	O	K	H	U	T	E	I	D

61

D	U	O	H	E	T	I	K	S
T	S	E	I	D	K	H	U	O
H	I	K	O	U	S	E	D	T
U	O	T	E	K	H	S	I	D
S	K	D	U	O	I	T	H	E
I	E	H	T	S	D	U	O	K
E	T	I	K	H	O	D	S	U
O	D	U	S	I	E	K	T	H
K	H	S	D	T	U	O	E	I

62

U	O	K	E	T	H	D	S	I
D	E	H	S	I	U	T	O	K
S	I	T	O	D	K	E	U	H
H	U	D	I	O	T	K	E	S
T	K	E	H	U	S	O	I	D
I	S	O	K	E	D	U	H	T
E	H	U	T	K	I	S	D	O
O	T	S	D	H	E	I	K	U
K	D	I	U	S	O	H	T	E

63

I	E	K	O	H	T	U	S	D
T	U	H	D	K	S	E	I	O
S	O	D	E	U	I	H	K	T
K	T	E	S	O	H	D	U	I
H	S	O	U	I	D	T	E	K
D	I	U	K	T	E	O	H	S
U	H	S	I	D	O	K	T	E
O	K	I	T	E	U	S	D	H
E	D	T	H	S	K	I	O	U

64

U	E	K	H	T	D	O	I	S
O	H	S	E	I	U	K	D	T
I	T	D	O	S	K	U	H	E
T	K	O	U	H	S	D	E	I
S	D	I	K	E	T	H	O	U
H	U	E	D	O	I	S	T	K
D	S	H	T	K	E	I	U	O
K	O	T	I	U	H	E	S	D
E	I	U	S	D	O	T	K	H

65

T	I	H	K	E	D	O	S	U
E	U	S	O	H	I	D	K	T
D	O	K	U	S	T	I	E	H
S	T	E	H	O	K	U	I	D
K	D	U	I	T	E	S	H	O
O	H	I	S	D	U	K	T	E
I	K	O	T	U	H	E	D	S
H	S	D	E	K	O	T	U	I
U	E	T	D	I	S	H	O	K

66

H	T	I	S	K	O	U	E	D
U	D	S	T	E	I	K	H	O
O	E	K	D	U	H	S	T	I
K	I	H	O	T	U	D	S	E
T	S	O	K	D	E	H	I	U
D	U	E	H	I	S	O	K	T
S	O	U	I	H	T	E	D	K
I	H	D	E	O	K	T	U	S
E	K	T	U	S	D	I	O	H

67 – 72

67

T	K	I	H	O	S	E	U	D
S	O	D	I	E	U	T	H	K
H	E	U	K	D	T	O	I	S
O	T	E	U	I	K	D	S	H
U	H	K	E	S	D	I	O	T
I	D	S	O	T	H	K	E	U
K	U	O	T	H	E	S	D	I
D	I	H	S	K	O	U	T	E
E	S	T	D	U	I	H	K	O

68

K	D	E	S	O	U	H	T	I
U	T	O	H	I	D	E	K	S
I	S	H	T	E	K	D	U	O
S	H	U	E	D	I	K	O	T
O	K	T	U	H	S	I	E	D
D	E	I	O	K	T	U	S	H
T	I	D	K	U	O	S	H	E
H	U	S	D	T	E	O	I	K
E	O	K	I	S	H	T	D	U

69

U	D	E	H	S	O	T	I	K
O	K	I	T	U	E	D	H	S
T	S	H	D	I	K	E	U	O
K	H	D	E	T	S	I	O	U
S	O	U	I	D	H	K	E	T
I	E	T	K	O	U	H	S	D
E	U	K	O	H	T	S	D	I
H	I	S	U	K	D	O	T	E
D	T	O	S	E	I	U	K	H

70

T	E	D	S	U	K	I	H	O
H	I	U	O	E	T	D	S	K
S	K	O	H	I	D	T	E	U
I	T	S	D	K	U	E	O	H
U	D	E	I	H	O	K	T	S
O	H	K	E	T	S	U	D	I
D	U	H	K	O	E	S	I	T
K	S	I	T	D	H	O	U	E
E	O	T	U	S	I	H	K	D

71

O	E	S	K	H	I	T	U	D
T	D	I	E	S	U	H	O	K
K	U	H	D	O	T	I	E	S
H	I	T	O	U	D	S	K	E
U	O	E	S	T	K	D	I	H
S	K	D	I	E	H	O	T	U
I	S	K	U	D	O	E	H	T
E	T	O	H	K	S	U	D	I
D	H	U	T	I	E	K	S	O

72

U	S	T	K	D	O	I	E	H
O	K	E	T	I	H	D	S	U
H	D	I	E	S	U	O	T	K
I	U	S	O	H	E	K	D	T
E	T	O	U	K	D	S	H	I
K	H	D	I	T	S	E	U	O
S	E	K	H	O	T	U	I	D
D	I	H	S	U	K	T	O	E
T	O	U	D	E	I	H	K	S

73

D	O	K	H	E	S	U	I	T
I	T	U	O	K	D	S	H	E
E	S	H	I	T	U	K	D	O
T	D	O	E	S	H	I	K	U
K	E	I	U	D	T	H	O	S
U	H	S	K	I	O	T	E	D
S	I	E	T	O	K	D	U	H
H	K	D	S	U	E	O	T	I
O	U	T	D	H	I	E	S	K

74

U	T	H	E	D	S	I	O	K
D	O	E	T	I	K	S	H	U
K	I	S	O	U	H	D	E	T
S	K	O	U	E	D	T	I	H
E	D	I	S	H	T	U	K	O
T	H	U	I	K	O	E	S	D
I	U	T	K	O	E	H	D	S
H	S	K	D	T	I	O	U	E
O	E	D	H	S	U	K	T	I

75

E	S	T	D	O	K	I	H	U
K	U	I	E	H	T	S	D	O
D	H	O	U	S	I	K	E	T
U	E	K	H	I	O	T	S	D
S	O	H	K	T	D	E	U	I
I	T	D	S	U	E	O	K	H
H	I	E	T	D	S	U	O	K
O	K	U	I	E	H	D	T	S
T	D	S	O	K	U	H	I	E

76

S	T	O	U	K	E	H	D	I
U	E	I	S	H	D	K	T	O
D	H	K	T	I	O	U	S	E
I	S	E	O	T	H	D	K	U
O	K	D	I	U	S	T	E	H
T	U	H	D	E	K	I	O	S
K	O	S	H	D	I	E	U	T
H	D	T	E	O	U	S	I	K
E	I	U	K	S	T	O	H	D

77

T	E	U	O	D	H	S	I	K
O	K	H	U	I	S	D	T	E
I	D	S	E	K	T	H	O	U
H	T	K	S	E	O	U	D	I
E	I	D	K	H	U	T	S	O
S	U	O	I	T	D	K	E	H
U	O	T	H	S	I	E	K	D
K	S	I	D	U	E	O	H	T
D	H	E	T	O	K	I	U	S

78

S	O	K	D	I	H	U	E	T
U	H	D	K	E	T	S	O	I
T	I	E	U	S	O	K	D	H
H	S	O	T	K	E	D	I	U
E	K	I	S	U	D	T	H	O
D	U	T	H	O	I	E	K	S
O	D	U	E	H	S	I	T	K
I	T	S	O	D	K	H	U	E
K	E	H	I	T	U	O	S	D

79

D	U	H	E	O	K	S	T	I
I	S	K	T	D	H	U	E	O
T	E	O	S	I	U	H	D	K
H	D	E	O	S	I	T	K	U
S	O	T	K	U	D	I	H	E
K	I	U	H	T	E	O	S	D
E	H	I	U	K	S	D	O	T
O	K	D	I	H	T	E	U	S
U	T	S	D	E	O	K	I	H

80

D	S	U	O	I	T	E	H	K
I	K	H	S	E	U	O	T	D
O	T	E	D	K	H	I	U	S
U	D	S	T	H	E	K	I	O
K	O	T	I	S	D	H	E	U
H	E	I	U	O	K	D	S	T
E	U	O	H	D	S	T	K	I
S	I	K	E	T	O	U	D	H
T	H	D	K	U	I	S	O	E

81

U	K	E	T	H	I	S	D	O
T	I	O	S	E	D	H	U	K
H	D	S	O	K	U	I	E	T
O	E	T	U	S	K	D	H	I
I	S	U	H	D	O	K	T	E
K	H	D	I	T	E	U	O	S
D	O	K	E	I	H	T	S	U
S	U	I	D	O	T	E	K	H
E	T	H	K	U	S	O	I	D

82

S	U	E	D	I	H	O	T	K
O	I	K	S	T	E	D	U	H
T	D	H	U	O	K	E	I	S
H	O	D	E	U	S	I	K	T
I	K	S	O	D	T	U	H	E
U	E	T	K	H	I	S	D	O
K	T	O	I	S	U	H	E	D
E	S	U	H	K	D	T	O	I
D	H	I	T	E	O	K	S	U

83

D	H	S	T	I	K	U	E	O
O	E	T	H	S	U	D	I	K
U	K	I	O	E	D	H	T	S
S	D	O	U	T	H	I	K	E
H	I	K	E	D	S	O	U	T
T	U	E	I	K	O	S	H	D
I	T	D	S	U	E	K	O	H
E	S	H	K	O	I	T	D	U
K	O	U	D	H	T	E	S	I

84

U	O	H	I	T	S	E	K	D
K	I	E	O	H	D	T	U	S
T	S	D	U	E	K	I	H	O
E	D	S	T	K	I	H	O	U
O	H	K	E	S	U	D	I	T
I	T	U	D	O	H	K	S	E
H	U	T	K	D	O	S	E	I
D	K	I	S	U	E	O	T	H
S	E	O	H	I	T	U	D	K

SOLUTIONS

85 – 90

85

H	D	E	S	U	K	O	I	T
T	I	O	E	H	D	S	U	K
U	S	K	T	I	O	E	H	D
E	K	S	U	D	I	T	O	H
D	H	U	K	O	T	I	S	E
O	T	I	H	E	S	K	D	U
I	U	T	D	S	E	H	K	O
S	E	H	O	K	U	D	T	I
K	O	D	I	T	H	U	E	S

86

S	T	I	E	D	O	H	U	K
D	K	E	T	H	U	I	S	O
U	O	H	S	K	I	D	E	T
H	E	U	D	O	K	T	I	S
O	D	S	H	I	T	E	K	U
K	I	T	U	E	S	O	D	H
E	S	O	I	U	H	K	T	D
T	H	D	K	S	E	U	O	I
I	U	K	O	T	D	S	H	E

87

H	K	S	O	U	D	I	E	T
E	U	T	H	I	K	O	S	D
O	I	D	E	T	S	U	H	K
D	O	H	I	K	U	E	T	S
T	E	I	S	O	H	K	D	U
U	S	K	D	E	T	H	O	I
K	T	E	U	S	O	D	I	H
S	H	O	K	D	I	T	U	E
I	D	U	T	H	E	S	K	O

88

H	U	O	I	S	K	T	E	D
E	T	D	H	U	O	K	S	I
K	I	S	T	D	E	O	U	H
T	D	H	K	O	U	E	I	S
U	E	I	S	H	T	D	O	K
O	S	K	D	E	I	H	T	U
S	K	U	O	T	D	I	H	E
D	O	E	U	I	H	S	K	T
I	H	T	E	K	S	U	D	O

89

O	U	H	I	E	K	T	D	S
I	T	E	O	D	S	H	U	K
K	S	D	U	H	T	I	O	E
S	K	I	H	T	D	O	E	U
E	O	T	S	I	U	K	H	D
D	H	U	E	K	O	S	T	I
U	I	O	T	S	E	D	K	H
H	E	K	D	O	I	U	S	T
T	D	S	K	U	H	E	I	O

90

D	K	T	E	O	U	I	S	H
O	I	H	S	K	T	U	E	D
E	S	U	D	I	H	K	T	O
H	O	S	T	U	E	D	K	I
T	E	D	K	H	I	S	O	U
K	U	I	O	D	S	E	H	T
U	D	E	H	S	O	T	I	K
I	T	O	U	E	K	H	D	S
S	H	K	I	T	D	O	U	E

SOLUTIONS

91 – 96

91

K	E	D	I	H	U	O	S	T
S	O	H	D	T	K	U	I	E
I	U	T	E	S	O	D	K	H
H	S	O	K	D	E	I	T	U
T	K	I	O	U	H	E	D	S
U	D	E	S	I	T	K	H	O
D	H	S	U	E	I	T	O	K
O	T	U	H	K	D	S	E	I
E	I	K	T	O	S	H	U	D

92

T	S	U	K	E	H	D	O	I
H	D	E	S	O	I	K	T	U
O	K	I	U	T	D	E	H	S
U	O	S	E	K	T	I	D	H
D	T	H	I	S	O	U	E	K
E	I	K	H	D	U	T	S	O
S	U	D	O	I	E	H	K	T
I	E	O	T	H	K	S	U	D
K	H	T	D	U	S	O	I	E

93

E	S	H	I	K	O	T	U	D
U	I	K	T	E	D	S	O	H
O	D	T	U	S	H	I	E	K
T	E	O	K	H	U	D	I	S
S	U	D	O	T	I	K	H	E
K	H	I	S	D	E	U	T	O
I	K	U	H	O	S	E	D	T
D	O	S	E	U	T	H	K	I
H	T	E	D	I	K	O	S	U

94

O	E	S	T	H	I	U	D	K
I	H	U	S	K	D	T	E	O
D	K	T	E	O	U	S	I	H
T	U	O	I	S	K	D	H	E
H	I	K	D	T	E	O	U	S
S	D	E	O	U	H	K	T	I
E	S	H	K	D	T	I	O	U
K	T	I	U	E	O	H	S	D
U	O	D	H	I	S	E	K	T

95

E	D	S	U	K	H	I	T	O
H	I	K	O	S	T	U	D	E
O	T	U	I	D	E	K	H	S
D	O	T	H	E	U	S	I	K
S	H	E	K	I	D	O	U	T
U	K	I	S	T	O	D	E	H
I	U	H	T	O	S	E	K	D
K	S	D	E	H	I	T	O	U
T	E	O	D	U	K	H	S	I

96

U	O	S	K	T	D	I	H	E
D	H	K	U	E	I	O	T	S
E	I	T	H	S	O	K	U	D
K	T	O	E	I	U	S	D	H
H	E	D	O	K	S	T	I	U
S	U	I	D	H	T	E	K	O
T	S	E	I	U	H	D	O	K
I	D	U	S	O	K	H	E	T
O	K	H	T	D	E	U	S	I

97

K	D	E	O	H	I	S	U	T
I	O	H	S	T	U	E	D	K
S	T	U	D	E	K	I	O	H
E	I	S	T	U	D	K	H	O
H	U	T	K	O	S	D	E	I
D	K	O	H	I	E	T	S	U
O	H	D	E	K	T	U	I	S
U	S	K	I	D	O	H	T	E
T	E	I	U	S	H	O	K	D

98

I	K	S	O	U	T	E	D	H
O	D	T	I	H	E	K	U	S
E	H	U	D	S	K	O	T	I
D	I	K	S	E	O	U	H	T
S	O	E	H	T	U	I	K	D
U	T	H	K	I	D	S	E	O
T	E	D	U	O	S	H	I	K
K	S	I	E	D	H	T	O	U
H	U	O	T	K	I	D	S	E

99

K	D	H	O	T	U	S	E	I
O	S	U	E	H	I	T	D	K
I	E	T	D	S	K	H	U	O
D	K	O	S	U	E	I	H	T
T	U	I	K	O	H	E	S	D
E	H	S	T	I	D	O	K	U
S	I	D	U	E	O	K	T	H
U	O	E	H	K	T	D	I	S
H	T	K	I	D	S	U	O	E

100

D	I	T	O	E	H	K	S	U
H	O	U	K	D	S	I	E	T
E	K	S	U	T	I	O	H	D
U	E	H	T	K	D	S	O	I
O	T	I	S	H	E	U	D	K
K	S	D	I	U	O	E	T	H
S	U	O	D	I	T	H	K	E
I	D	E	H	O	K	T	U	S
T	H	K	E	S	U	D	I	O

101

K	T	O	S	E	D	I	U	H
D	U	E	T	H	I	S	O	K
H	S	I	U	O	K	E	D	T
T	H	U	D	K	E	O	S	I
S	I	D	H	T	O	K	E	U
O	E	K	I	S	U	T	H	D
I	K	S	O	D	H	U	T	E
E	D	T	K	U	S	H	I	O
U	O	H	E	I	T	D	K	S

102

T	H	O	I	K	S	D	U	E
S	I	U	T	E	D	O	H	K
E	K	D	O	U	H	T	S	I
O	D	I	H	T	K	U	E	S
K	U	S	D	I	E	H	O	T
H	T	E	U	S	O	I	K	D
I	O	K	E	H	T	S	D	U
D	E	T	S	O	U	K	I	H
U	S	H	K	D	I	E	T	O

SOLUTIONS

103 – 108

103

D	K	T	S	I	H	U	O	E
I	S	H	U	E	O	D	T	K
E	U	O	T	K	D	I	H	S
S	O	E	I	H	K	T	U	D
K	D	I	E	T	U	O	S	H
H	T	U	D	O	S	E	K	I
T	H	S	O	D	I	K	E	U
O	I	K	H	U	E	S	D	T
U	E	D	K	S	T	H	I	O

104

I	K	E	O	H	U	D	S	T
T	U	H	S	D	I	K	O	E
D	S	O	K	T	E	H	I	U
E	H	U	I	S	O	T	D	K
O	D	S	E	K	T	I	U	H
K	I	T	D	U	H	O	E	S
S	T	K	U	I	D	E	H	O
U	O	D	H	E	K	S	T	I
H	E	I	T	O	S	U	K	D

105

E	D	O	H	K	S	T	I	U
I	K	H	D	T	U	S	O	E
U	S	T	I	O	E	H	D	K
T	U	K	E	D	O	I	H	S
S	H	D	U	I	T	E	K	O
O	I	E	K	S	H	U	T	D
D	E	U	T	H	K	O	S	I
H	O	I	S	E	D	K	U	T
K	T	S	O	U	I	D	E	H

106

I	O	T	H	U	S	D	E	K
E	D	U	O	K	I	S	H	T
H	K	S	D	T	E	O	U	I
D	H	O	T	E	K	U	I	S
K	U	I	S	H	D	T	O	E
S	T	E	I	O	U	H	K	D
U	E	D	K	S	H	I	T	O
T	S	K	U	I	O	E	D	H
O	I	H	E	D	T	K	S	U

107

D	E	O	K	S	T	H	I	U
T	S	I	O	U	H	E	D	K
K	H	U	D	I	E	O	T	S
I	T	S	E	H	K	D	U	O
E	K	H	U	D	O	I	S	T
U	O	D	S	T	I	K	E	H
S	U	K	H	E	D	T	O	I
H	D	T	I	O	U	S	K	E
O	I	E	T	K	S	U	H	D

108

D	T	E	S	O	U	K	H	I
K	U	I	T	H	D	S	E	O
O	S	H	I	E	K	T	D	U
H	E	T	O	D	S	U	I	K
I	O	K	H	U	T	D	S	E
U	D	S	E	K	I	O	T	H
S	K	U	D	I	H	E	O	T
T	H	O	U	S	E	I	K	D
E	I	D	K	T	O	H	U	S

109 – 114

109

I	H	E	U	K	S	T	D	O
T	D	K	E	O	I	U	S	H
S	O	U	D	H	T	E	K	I
E	T	H	K	S	D	O	I	U
K	I	S	T	U	O	H	E	D
O	U	D	I	E	H	S	T	K
U	E	T	O	I	K	D	H	S
H	K	O	S	D	E	I	U	T
D	S	I	H	T	U	K	O	E

110

K	E	H	S	D	U	O	T	I
U	O	T	H	I	E	S	K	D
I	D	S	K	O	T	H	U	E
H	K	D	E	S	I	T	O	U
T	S	I	U	H	O	D	E	K
E	U	O	D	T	K	I	H	S
O	H	U	I	K	D	E	S	T
S	I	K	T	E	H	U	D	O
D	T	E	O	U	S	K	I	H

111

U	E	K	O	S	I	D	H	T
T	I	S	U	H	D	E	K	O
H	O	D	K	E	T	I	S	U
O	U	T	H	I	E	K	D	S
D	H	E	S	O	K	U	T	I
K	S	I	T	D	U	H	O	E
I	T	U	D	K	S	O	E	H
S	D	H	E	U	O	T	I	K
E	K	O	I	T	H	S	U	D

112

T	I	H	S	U	E	O	K	D
E	U	K	O	D	I	H	S	T
D	S	O	H	K	T	E	U	I
H	O	U	D	E	S	T	I	K
S	T	E	I	H	K	D	O	U
I	K	D	U	T	O	S	H	E
K	H	T	E	O	U	I	D	S
U	D	S	T	I	H	K	E	O
O	E	I	K	S	D	U	T	H

113

D	O	I	H	S	T	E	U	K
K	S	E	I	O	U	H	D	T
H	U	T	K	D	E	I	S	O
U	I	D	S	K	O	T	H	E
S	T	K	E	U	H	D	O	I
O	E	H	T	I	D	U	K	S
I	D	O	U	T	S	K	E	H
T	H	S	D	E	K	O	I	U
E	K	U	O	H	I	S	T	D

114

H	U	O	T	K	I	S	D	E
E	I	K	U	D	S	H	O	T
S	D	T	E	H	O	U	I	K
D	H	I	K	T	E	O	U	S
U	O	E	S	I	H	K	T	D
K	T	S	O	U	D	E	H	I
O	E	D	H	S	T	I	K	U
T	S	U	I	O	K	D	E	H
I	K	H	D	E	U	T	S	O

115

D	S	H	T	I	K	O	E	U
U	T	O	E	D	S	H	I	K
I	K	E	U	H	O	T	S	D
O	I	K	D	U	E	S	H	T
H	U	T	O	S	I	D	K	E
E	D	S	K	T	H	U	O	I
T	O	I	S	E	D	K	U	H
S	H	U	I	K	T	E	D	O
K	E	D	H	O	U	I	T	S

116

S	H	K	O	E	D	T	I	U
D	U	I	S	K	T	E	H	O
E	O	T	I	U	H	K	S	D
O	S	U	D	I	K	H	T	E
T	D	H	U	S	E	O	K	I
K	I	E	T	H	O	U	D	S
H	K	O	E	D	S	I	U	T
U	T	D	K	O	I	S	E	H
I	E	S	H	T	U	D	O	K

117

S	H	D	T	I	O	U	E	K
O	I	E	U	D	K	H	S	T
U	T	K	E	H	S	O	I	D
H	E	S	K	U	I	D	T	O
T	O	I	D	S	H	K	U	E
D	K	U	O	T	E	I	H	S
I	S	O	H	K	T	E	D	U
E	D	T	I	O	U	S	K	H
K	U	H	S	E	D	T	O	I

118

D	U	O	E	H	T	I	S	K
I	S	H	O	K	U	D	E	T
E	T	K	S	I	D	O	U	H
S	H	E	U	O	K	T	D	I
U	D	I	H	T	S	K	O	E
K	O	T	I	D	E	S	H	U
O	E	S	T	U	I	H	K	D
T	K	U	D	S	H	E	I	O
H	I	D	K	E	O	U	T	S

119

H	K	D	O	U	E	S	I	T
U	T	E	D	I	S	H	K	O
O	I	S	T	H	K	U	D	E
S	E	T	I	K	O	D	H	U
K	U	O	H	E	D	I	T	S
D	H	I	S	T	U	O	E	K
T	S	U	E	D	H	K	O	I
E	O	H	K	S	I	T	U	D
I	D	K	U	O	T	E	S	H

120

U	H	K	D	E	T	S	O	I
E	S	I	O	K	H	T	U	D
T	O	D	U	I	S	K	E	H
D	T	H	E	O	I	U	K	S
S	I	E	K	H	U	O	D	T
K	U	O	S	T	D	H	I	E
O	D	S	H	U	E	I	T	K
I	E	U	T	S	K	D	H	O
H	K	T	I	D	O	E	S	U

121

E	I	U	H	K	T	D	S	O
H	D	K	O	I	S	U	E	T
T	S	O	D	E	U	I	K	H
O	E	T	I	S	D	K	H	U
K	U	D	T	H	O	S	I	E
I	H	S	E	U	K	T	O	D
U	O	E	K	D	I	H	T	S
S	K	H	U	T	E	O	D	I
D	T	I	S	O	H	E	U	K

122

T	K	U	H	E	S	O	I	D
I	S	H	D	O	U	T	K	E
E	D	O	T	K	I	S	H	U
U	H	D	S	T	K	E	O	I
O	I	S	E	H	D	U	T	K
K	E	T	U	I	O	D	S	H
H	O	E	K	U	T	I	D	S
S	U	I	O	D	H	K	E	T
D	T	K	I	S	E	H	U	O

123

O	S	H	K	T	I	U	E	D
D	E	T	H	U	O	I	K	S
I	K	U	S	E	D	T	O	H
K	H	E	O	S	T	D	U	I
S	I	O	U	D	E	H	T	K
T	U	D	I	H	K	O	S	E
U	D	I	E	O	S	K	H	T
H	T	S	D	K	U	E	I	O
E	O	K	T	I	H	S	D	U

124

U	E	K	O	I	T	H	D	S
D	O	S	U	E	H	K	T	I
T	I	H	D	S	K	E	O	U
O	H	U	S	T	D	I	K	E
K	S	E	I	H	O	T	U	D
I	D	T	K	U	E	S	H	O
H	K	I	E	D	U	O	S	T
S	U	O	T	K	I	D	E	H
E	T	D	H	O	S	U	I	K

125

S	H	E	D	K	U	T	O	I
I	K	D	T	E	O	U	S	H
T	U	O	I	S	H	E	D	K
H	S	T	E	D	K	I	U	O
U	D	I	H	O	T	S	K	E
O	E	K	U	I	S	D	H	T
K	O	U	S	T	I	H	E	D
E	I	H	K	U	D	O	T	S
D	T	S	O	H	E	K	I	U

126

H	E	S	U	I	D	K	T	O
I	U	O	K	T	H	D	E	S
D	K	T	O	E	S	I	U	H
U	I	K	T	O	E	S	H	D
T	S	D	I	H	U	O	K	E
E	O	H	S	D	K	U	I	T
O	H	E	D	U	I	T	S	K
S	D	U	E	K	T	H	O	I
K	T	I	H	S	O	E	D	U

127

H	S	I	T	U	D	K	O	E
D	K	O	S	E	I	U	T	H
T	E	U	H	O	K	I	S	D
K	H	S	I	T	O	E	D	U
U	O	D	K	H	E	T	I	S
I	T	E	U	D	S	H	K	O
S	U	K	O	I	H	D	E	T
O	D	H	E	K	T	S	U	I
E	I	T	D	S	U	O	H	K

128

U	E	O	H	T	K	D	S	I
K	H	I	O	S	D	T	U	E
T	S	D	E	I	U	O	K	H
I	O	U	S	D	T	E	H	K
S	K	E	U	O	H	I	D	T
H	D	T	K	E	I	S	O	U
D	U	S	I	K	E	H	T	O
O	I	H	T	U	S	K	E	D
E	T	K	D	H	O	U	I	S

129

U	E	H	K	S	T	D	O	I
K	D	T	I	O	H	S	E	U
I	S	O	E	U	D	K	T	H
O	T	I	D	H	K	U	S	E
D	U	K	T	E	S	I	H	O
E	H	S	U	I	O	T	D	K
S	I	U	O	T	E	H	K	D
T	O	D	H	K	I	E	U	S
H	K	E	S	D	U	O	I	T

130

S	H	U	I	K	E	O	D	T
E	O	K	T	H	D	S	I	U
D	T	I	U	S	O	E	H	K
T	K	D	E	U	S	H	O	I
I	S	H	O	D	K	U	T	E
U	E	O	H	I	T	K	S	D
O	U	S	K	T	I	D	E	H
H	I	E	D	O	U	T	K	S
K	D	T	S	E	H	I	U	O

131

I	U	S	D	K	O	E	H	T
E	H	K	I	T	U	S	O	D
T	D	O	S	H	E	U	I	K
O	S	E	K	U	D	I	T	H
H	I	U	O	S	T	D	K	E
D	K	T	H	E	I	O	S	U
U	O	I	T	D	H	K	E	S
S	E	H	U	O	K	T	D	I
K	T	D	E	I	S	H	U	O

132

I	U	D	K	H	E	O	S	T
H	O	K	T	U	S	I	E	D
S	E	T	I	O	D	K	H	U
O	I	U	D	E	K	H	T	S
D	H	S	U	I	T	E	O	K
K	T	E	O	S	H	U	D	I
U	D	I	E	T	O	S	K	H
E	K	H	S	D	U	T	I	O
T	S	O	H	K	I	D	U	E

SOLUTIONS

133 – 138

133

T	O	H	E	S	D	K	I	U
U	K	S	O	H	I	D	E	T
I	D	E	K	U	T	H	O	S
H	T	K	D	I	U	E	S	O
O	E	D	S	T	K	I	U	H
S	I	U	H	O	E	T	K	D
E	H	I	U	D	O	S	T	K
K	S	O	T	E	H	U	D	I
D	U	T	I	K	S	O	H	E

134

O	U	T	I	K	D	E	S	H
D	E	I	U	H	S	O	T	K
S	K	H	O	T	E	D	I	U
H	D	K	E	S	T	U	O	I
T	O	E	K	U	I	S	H	D
I	S	U	D	O	H	T	K	E
K	I	O	T	E	U	H	D	S
U	T	S	H	D	K	I	E	O
E	H	D	S	I	O	K	U	T

135

I	U	O	D	S	H	E	T	K
H	D	K	E	T	I	S	O	U
E	T	S	O	U	K	I	H	D
O	K	D	U	H	E	T	S	I
U	S	I	T	D	O	K	E	H
T	H	E	K	I	S	D	U	O
D	I	U	S	O	T	H	K	E
K	O	T	H	E	D	U	I	S
S	E	H	I	K	U	O	D	T

136

O	T	H	S	U	E	K	D	I
E	K	S	I	O	D	U	H	T
D	I	U	H	K	T	O	E	S
K	E	O	T	H	U	S	I	D
H	S	I	O	D	K	T	U	E
U	D	T	E	S	I	H	O	K
T	O	K	D	I	H	E	S	U
S	U	D	K	E	O	I	T	H
I	H	E	U	T	S	D	K	O

137

K	O	H	S	D	I	T	E	U
D	E	T	K	U	O	H	S	I
S	I	U	H	T	E	K	O	D
I	D	K	E	H	T	S	U	O
T	S	O	U	I	K	E	D	H
U	H	E	D	O	S	I	T	K
H	U	S	I	E	D	O	K	T
O	K	D	T	S	H	U	I	E
E	T	I	O	K	U	D	H	S

138

E	O	H	I	K	S	U	T	D
D	T	I	E	U	O	H	S	K
U	S	K	T	D	H	O	E	I
S	E	D	K	T	U	I	O	H
H	U	T	O	S	I	D	K	E
I	K	O	H	E	D	S	U	T
O	D	E	U	I	T	K	H	S
K	I	U	S	H	E	T	D	O
T	H	S	D	O	K	E	I	U

139

O	K	S	I	E	D	U	T	H
E	U	I	T	K	H	D	O	S
T	H	D	O	S	U	E	K	I
I	S	T	U	H	K	O	E	D
U	D	K	E	O	I	S	H	T
H	E	O	D	T	S	K	I	U
S	I	E	H	D	O	T	U	K
K	O	U	S	I	T	H	D	E
D	T	H	K	U	E	I	S	O

140

O	U	D	T	S	E	H	K	I
H	K	E	D	U	I	S	O	T
T	S	I	O	K	H	E	D	U
D	H	U	I	E	K	T	S	O
I	E	T	S	O	U	D	H	K
S	O	K	H	D	T	I	U	E
E	D	H	U	I	O	K	T	S
U	I	S	K	T	D	O	E	H
K	T	O	E	H	S	U	I	D

141

T	H	S	D	U	I	K	O	E
O	K	I	S	H	E	T	D	U
E	D	U	K	O	T	S	I	H
H	I	K	U	S	D	E	T	O
S	T	E	H	I	O	U	K	D
U	O	D	T	E	K	H	S	I
K	E	T	O	D	H	I	U	S
I	S	O	E	T	U	D	H	K
D	U	H	I	K	S	O	E	T

142

S	E	D	U	O	I	K	H	T
U	H	T	K	E	S	O	I	D
O	I	K	T	H	D	S	E	U
D	S	E	I	U	T	H	K	O
I	U	O	E	K	H	D	T	S
T	K	H	S	D	O	I	U	E
E	D	U	H	S	K	T	O	I
H	O	I	D	T	E	U	S	K
K	T	S	O	I	U	E	D	H

143

E	D	S	U	I	K	T	O	H
T	K	H	O	D	E	I	U	S
I	U	O	S	H	T	K	E	D
H	I	T	D	K	U	O	S	E
D	S	K	T	E	O	U	H	I
U	O	E	I	S	H	D	K	T
O	T	I	E	U	S	H	D	K
K	E	U	H	T	D	S	I	O
S	H	D	K	O	I	E	T	U

144

H	T	K	I	O	E	U	D	S
D	U	S	H	K	T	E	O	I
E	I	O	S	D	U	H	K	T
I	K	E	D	S	H	T	U	O
T	D	H	U	E	O	S	I	K
S	O	U	K	T	I	D	H	E
K	H	D	E	I	S	O	T	U
U	S	T	O	H	K	I	E	D
O	E	I	T	U	D	K	S	H

145 – 150

145

D	S	K	E	T	H	O	I	U
E	I	O	K	D	U	H	T	S
T	U	H	O	I	S	D	E	K
S	E	U	D	H	I	T	K	O
H	D	I	T	K	O	S	U	E
K	O	T	S	U	E	I	H	D
U	K	D	I	O	T	E	S	H
O	T	S	H	E	K	U	D	I
I	H	E	U	S	D	K	O	T

146

K	H	O	U	E	I	S	T	D
U	S	E	H	D	T	I	O	K
T	I	D	K	S	O	H	U	E
H	U	T	E	I	K	O	D	S
E	D	K	S	O	H	U	I	T
S	O	I	T	U	D	K	E	H
I	K	S	O	T	E	D	H	U
O	T	H	D	K	U	E	S	I
D	E	U	I	H	S	T	K	O

147

U	O	T	I	K	S	H	E	D
H	E	D	U	T	O	S	K	I
S	K	I	E	H	D	U	T	O
K	H	E	S	D	T	I	O	U
I	T	O	H	E	U	K	D	S
D	U	S	K	O	I	E	H	T
T	I	H	O	S	K	D	U	E
E	D	U	T	I	H	O	S	K
O	S	K	D	U	E	T	I	H

148

O	K	E	I	S	T	H	U	D
T	S	I	D	H	U	K	E	O
D	U	H	E	O	K	S	I	T
E	T	D	S	I	H	U	O	K
K	I	S	U	E	O	T	D	H
U	H	O	T	K	D	E	S	I
S	E	T	K	D	I	O	H	U
H	D	K	O	U	S	I	T	E
I	O	U	H	T	E	D	K	S

149

H	O	E	S	D	K	U	T	I
D	U	K	H	T	I	O	S	E
T	I	S	U	E	O	H	D	K
I	K	D	E	S	U	T	O	H
O	S	H	T	I	D	K	E	U
E	T	U	K	O	H	S	I	D
U	E	O	D	H	T	I	K	S
K	D	T	I	U	S	E	H	O
S	H	I	O	K	E	D	U	T

150

O	H	K	T	S	D	I	U	E
D	T	I	E	U	K	H	O	S
U	S	E	I	H	O	D	K	T
T	I	D	O	E	S	K	H	U
K	O	S	H	I	U	E	T	D
H	E	U	K	D	T	S	I	O
E	U	O	D	K	I	T	S	H
I	D	T	S	O	H	U	E	K
S	K	H	U	T	E	O	D	I

151

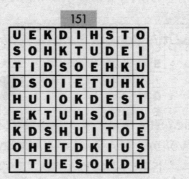

U	E	K	D	I	H	S	T	O
S	O	H	K	T	U	D	E	I
T	I	D	S	O	E	H	K	U
D	S	O	I	E	T	U	H	K
H	U	I	O	K	D	E	S	T
E	K	T	U	H	S	O	I	D
K	D	S	H	U	I	T	O	E
O	H	E	T	D	K	I	U	S
I	T	U	E	S	O	K	D	H

For more mind-bending Sudoku puzzles, try...

The Little Book of Sudoku Pete Sinden
ISBN 1-84317-179-1 £3.99

The Little Book of Sudoku Volume Two
Pete Sinden
ISBN 1-84317-180-5 £3.99

The Little Book of Advanced Sudoku
Volume Three Alastair Chisholm
ISBN 1-84317-183-X £3.99

The Kids' Book of Sudoku! Alastair Chisholm
ISBN 1-905158-24-6 £3.99

.

All Michael O'Mara titles are
available by post from:

Bookpost, PO Box 29,
Douglas, Isle of Man, IM99 1BQ
Credit cards accepted
Telephone: 01624 677237
Fax: 01624 670923
Email: bookshop@enterprise.net
Internet: www.bookpost.co.uk
Free postage and packing in the UK